Sigrid E. Stilp-Weiß

BAWINGA
DAS ARBEITSBUCH

MY WAY

Bibliografische Information der Deutschen Nationalbibliothek:
Die Deutsche Nationalbibliothek verzeichnet diese Publikation in der Deutschen Nationalbibliografie; detaillierte bibliografische Daten sind im Internet über http://dnb.dnb.de abrufbar.

Herstellung und Verlag: BoD – Books on Demand, Norderstedt

ISBN: 978-3-7526-0903-5

HIER KÖNNTE DEIN INHALTSVERZEICHNIS STEHEN

„Nur wer sich selbst lieben kann wird wirklich frei sein."

"Es darf leicht gehen!"

„Bewusstsein ist der stärkste Kataly-
sator des Wandels."

„Komme in dir an, sei dir über dich selbst bewusst und treffe deine Entscheidungen."

„Genieße diesen Moment."

„Bewusst(ICH)sein ist eine Haltung, die ich in jeder Situation meines Lebens entdecken, pflegen und mit Energie füllen kann."

„Was möchtest du loslassen und wie gestaltest du dies nachhaltig und zielsicher sowie mit Leichtigkeit?"

„Entscheide dich, Stärken und Ressourcen wahrzunehmen und dich einfach nur zu bedanken. Wie ist dein erster Schritt dahin?"

....
....
....
....
....
....
....
....
....
....
....
....
....
....
....
....
....
....
....
....
....
....
....
....
....
....
....

„Wie dankbar bist du für das, was du bist und was dich ausmacht?“

„Wie liebevoll betrachtest du dich?"

„Die Herrschaft über den Augenblick ist die Herrschaft über das Leben."

„Was brauchst du, um dir selbst liebevolle Zuneigung schenken zu können? Und was ist dein erster Schritt?“

„Harmonie in und mit mir: Wie nehme ich dies wahr? Was kann ich selbst umsetzen, damit es mir leicht bzw. leichter fällt?“

„Was sind deine für dich wichtigsten Grundbedürfnisse und wie sorgst du für die Erfüllung dieser Bedürfnisse?"

„Dankbarkeit ist eine der schönsten Formen der Wertschätzung."

„Was willst du mit deiner Zeit und Energie anfangen?

„Welche Polaritäten in deinem Leben kennst du schon und wie nimmst du diese an bzw. wie unterstützt du dich, damit du sie annehmen kannst?"

„Unsere Intuition ist die Quelle der inneren Kraft."

„Lade dich ein und entscheide dich dafür, deine Intuition sanft und mit Leichtigkeit wieder freizulegen."

....

....

....

....

....

....

....

....

....

....

....

....

....

....

....

....

....

....

....

....

....

....

....

....

....

....

....

„Ich nehme mein Ego zurück um ganz ICH zu sein."

„Wie findest du den Schalter in deinem Kopf, damit du diese vielen anderen Ablenkungen leiser drehen oder bestenfalls ausschalten kannst?“

„Welche Entscheidung triffst du, um mit deinen Gedanken bei dir bleiben zu können und wie kannst du dir dies erleichtern?"

....

....

....

....

....

....

....

....

....

....

....

....

....

....

....

....

....

....

....

....

....

....

....

....

....

....

„Das große Glück der Selbstliebe besteht darin, Liebe in deinem Herzen zu finden."

„Die Stimmen in mir sind ein Teil von mir. Ich höre zu, ich betrachte sie und nehme sie wertschätzend wahr."

....
....
....
....
....
....
....
....
....
....
....
....
....
....
....
....
....
....
....
....
....
....
....
....
....
....
....

„In dir gemeinsam bist du stark!"

„Wenn du dich selbst lieben kannst, wirst du wirklich ICH, also frei sein."

„Was genau meine ich mit diesem Mut?"

„Ich nehme mich an als das beste ICH, das es auf dieser Erde gibt."

....

....

....

....

....

....

....

....

....

....

....

....

....

....

....

....

....

....

....

....

....

....

....

....

....

....

....

....

„Ich bin heute einfach mal dankbar dafür, dass ich bin wie ich bin."

„Wie gehst du einen Schritt nach dem anderen und was brauchst du dazu?"

....

....

....

....

....

....

....

....

....

....

....

....

....

....

....

....

....

....

....

....

....

....

....

....

....

....

....

Was hindert dich daran, diesen Wert oder diese Werte so zu leben, wie du es dir wünscht?"

....
....
....
....
....
....
....
....
....
....
....
....
....
....
....
....
....
....
....
....
....
....
....
....
....
....

„Wie kannst du diese Dankbarkeit noch mehr in dein Leben bringen?“

....

....

....

....

....

....

....

....

....

....

....

....

....

....

....

....

....

....

....

....

....

....

....

....

....

....

....

„Ich liebe mich selbst so wie ich eben bin."